大家小小书

篆刻　程方平

中国历史小丛书

主　　编	吴　晗			
编　　委	丁名楠	尹　达	白寿彝	巩绍英
	刘桂五	任继愈	关　锋	吴廷璆
	吴晓铃	余冠英	何兹全	何家槐
	何干之	汪　篯	周一良	邱汉生
	金灿然	邵循正	季镇淮	陈乐素
	陈哲文	张恒寿	侯仁之	郑天挺
	胡朝芝	姚家积	马少波	翁独健
	柴德赓	梁以俅	傅乐焕	滕净东
	潘絜兹	戴　逸		

新编历史小丛书

主　　编	戴　逸			
副 主 编	张传玺	唐晓峰	黄爱平	
总 策 划	韩　凯	张　淼	李翠玲	
执行策划	安　东	吕克农		
编　　委	王　玮	王铁英	孔　莉	孙　健
	刘亦文	李海荣	沈秋农	高立志
统　　筹	高立志			

新编历史小丛书

戊戌变法

邵循正 著

北京出版集团
北京人民出版社

论戊戌变法

吴 晗

一、做不了官怎么办？

清德宗光绪二十四年（1898），以康有为、梁启超为中心的变法运动，全盘失败，到今年恰好是五十周年。这一桩历史公案，虽然是半世纪前的事情了，但在今天，似乎还很新鲜，具有现实意义。

这一年是戊戌年，通常叫这一次失败的革新运动为戊戌政变。梁启超曾著有《戊戌政变记》一书，是这次运动最主要的史料。

这一年二月，德国胶州湾租借条约签订；三月，帝俄租借旅顺大连；四月，许英国在广东九龙设立租界，对日承诺福建省不割让于他国，英国租借威海卫。

往前推，光绪二十年中日战争，二十一年订了割地赔款求和的《马关条约》。

再往前，光绪十年的中法战争，法国占安南。同治十年（1871），帝俄占伊犁。咸丰七年到十年（1857—1860）的英法联军，订了《天津条约》和《北京条约》。道光十九年到二十二年（1839—1842）的鸦片战争，订了《南京条约》。

外侮纷至沓来，主权日蹙一日，士大夫中的进步人物康有为着急了，光绪二十三年（1897）十二月，德占胶州后，驰赴北京，上书极陈事变之急说：

> 昔者安南之役，十年乃有东事，割台之后，两载遂有胶州，中间东三省龙州之铁路，滇粤之矿，土司野人山之边疆尚不计矣。自尔之后，赴机愈急，事变之来，日迫一日。教堂遍地，无刻不可起衅；矿产遍地，无处不可要求，骨肉有限，剥削无已。且铁路与人，南北之咽喉已绝；疆臣斥逐，用人之大权亦失。浸

假如埃及之管其户部，如土耳其之柄其国政，枢垣总署，彼皆可派其国人，公卿督抚，彼且将制其死命，鞭笞亲贵，奴隶重臣，囚奴士夫，蹂躏民庶，甚则如土耳其之幽废国主，如高丽之祸及君后，又甚则如安南之尽取其土地人民，而存其虚号，波兰之宰割均分，而举其国土，马达加斯加以挑水起衅而国灭，安南以争道致命而社墟，蚁穴溃堤，衅不在大。职恐自尔之后，皇上与诸臣，虽欲苟安旦夕，歌舞湖山而不可得矣，且恐皇上与诸臣求为长安布衣而不可得矣！

士大夫的利害和皇上的利害是一致的，再不想办法，不能"苟安旦夕，歌舞湖山"，甚至不能为"长安布衣"，怎么得了？第二年三月廿七日，京官二百余人在北京粤东会馆召开保国会，主张保地保民保权保教，康有为演说，于列举过去四十天内，失地失权二十事之后，接着说：

> 夫筑路待商之德廷，道员听其留逐，是皇上之权失，贾谊所谓何忍以帝王尊号为戎人诸侯。二月以来，失地失权之事，已二十见，来日方长，何以卒岁？缅甸、安南、印度、波兰，吾将为其续矣。观分波兰事，胁其国

主，辱其贵臣，荼毒缙绅，真可为吾之前车哉！必然之事，安能侥幸而免乎！印度之被灭，无作第六等以上人者。自乾隆三十六年至光绪二年（1771—1876），百余年始有议员二人。香港隶英人，至今尚无科第。人以买办为至荣。英人之窭贫者皆可为大班，吾华人百万之富，道府之衔，红蓝之顶，乃多为其一洋行之买办，立侍其侧，仰视颜色，呜呼哀哉！及今不自强。恐吾四万万人，他日之至荣者不过如此也！

　　元人始来中国，尝废科举矣。其视安南之进士，抱布贸丝，有以异乎？故我士大夫设想他日,真有不可言者。即有无耻之辈,发愤做贰臣,前朝所极不齿者,而西人必不用中人,以西人之官必有专门,非专学不能承乏也。若使吴梅村在,他日将并一教官不能得,安敢望祭酒哉!即欲如熊开元作僧,而西教专毁偶象,佛象佛殿,将无可存,僧于何依?即欲蹈东海而死,吾中国无海军,即无海境,此亦非干净土矣。做贰臣不得,做僧不得,死而蹈海不得,吾四万万之人,吾万千之士大夫,将何依何归何去何从乎!

痛哭流涕说了一场,说的是如中国成为

波兰、印度，士大夫便做不成官了，即使发愤做汉奸，人家也不要，做和尚没有庙，投海没有海，怎么办啊！怎么办啊！结论只有一条路，"不责在上而责在下，而责我辈士大夫"，也就是韩文公"天王圣明，臣罪当诛"的译文。他要求士大夫向日本高山正芝学习，学他要求变法，学他"在东京痛哭于通衢，见人辄哭"，终于哭出明治维新来。

士大夫的利益寄托于皇家的存在，要保绅权官权，其前提为保皇权。皇帝是无可责备的，蚩蚩庶民轮不到责备，因之该责备，该挺身而起，为皇家画一蓝图，指出一条"新路"的，也就义不容辞，是士大夫之责了。

可惜，康有为早生了五十年，要

不看看今天的希腊、西班牙、日本以及无数的典型例子,他实在用不着担心。而且,在今天,不但不以买办为辱,有若干士大夫还巴不上这地步呢。吴梅村如在,一定可以做祭酒,熊开元可以做外国和尚。至于蹈海,华盛顿之豪华旅舍,巴西之橡树园,"虽不能至,心向往之!"

二、其惟变法乎?

当年所谓变法,也是今日所谓革新。

时代不同了,当然名目不同。时代变了,这些人没有变,没有变的是"不责在上"。

关于变，康有为主张："观万国之势，能变则存，不变则亡，全变则强，小变仍亡。"又说："不变则已，若决欲变，则势当全变。"就理论说，主张全变，就事实说，所谓全变是相对的，即在上不变，士大夫之利益不变，人民之被剥削被虐待被屠杀不变。

何以明之？

第一，所谓戊戌变法，是少数士大夫抬着清德宗实行新政，是以清德宗为主体的自上而下的变而不乱的改良运动。光绪二十三年十二月康有为上书：

> 伏愿皇上因胶警之变，下发愤之诏，先罪己以励人心，次明耻以激士气，集群材咨问以广圣

听，求天下上书以通下情，明定国是，与海内更始……最要者，一曰采法日俄以定国是，二曰大集群材以图变政，三曰听任疆臣各自变法。

并且指出："自兹国事付国会议行，采择万国律例，定宪法公私之分。"次年正月上书："日本维新之始，大誓群臣以定国是，立对策所以征贤才，开制度局而定宪法，皇上若决定变法，请先举此三者。"一句话，他的主张是君主立宪，立宪是为了保障君主的权益，为了巩固士大夫的权益。等到皇家被推翻了，这批改良主义者逻辑上自然成为保皇党。

假定用今天的说法来分析五十年前的局面，慈禧太后、荣禄、袁世凯这个穷凶极恶、反动顽强的集团，宁可将中国送给外国，不与家奴的主张，当然是极右派。孙中山亦即被清廷称为匪徒叛逆、改名"孙汶"所领导的革命党，主张推翻君主，把专制独裁政体连根挖掉，主张实行民主立宪政体，当然是极左派。至于康有为站在皇帝的立场，反对慈禧的昏庸淫虐，反对满洲亲贵的昏聩无能，是和右派对立；站在士大夫的立场，对外要保国保权保土保士大夫的利益，对内保皇保教，尤其是保皇这一点，是和左派完全相反的；就保皇而论，和右派一致。所不同的一个是保有位无权的青年皇帝，一个是保有权无位的慈禧太后，一个无权，所以要变法，一个有权，所以不许变法，因而引起正面冲突，造成所谓政变。就立宪而论，又和左派一致，所不同的，康派主张在皇帝领导之下行宪，而革命党则认为立宪的前提为推翻万恶的君主专制独裁制度。正当君主立宪派奔走呼号，大声喊变，开学会，办报馆，演说，请愿的时候，革命党在丢炸弹，搞会党，组民众，声讨那拉氏，正面和清廷斗争。

君主立宪派也就是后来的保皇党，要宪法又要君主，正是所谓中间路线。

历史的记录证明孙中山先生所领导的路线是正确的，那拉氏和君主立宪派而今安在哉！

第二,如何变呢?据梁启超《新政诏书恭跋》编一简表:

四月二十三日　上谕定国是,举办京师大学堂。
二十五日　上谕引见康有为、张元济、黄遵宪、谭嗣同,梁启超着总理衙门查看具奏。
五月初二日　废八股,科举四书文改试策论。
十五日　官书局译书局并入大学堂,梁启超赏六品衔,办理译书局事务。
十六日　论振兴农务,着各督抚劝谕绅民,兼采中西各法,切实兴办,不准空言搪塞。

十七日　悬赏劝奖鼓励工艺新书新法新器，准予专利售卖，并创建学堂，开辟地利，兴造枪炮等厂，照军功例，给予特赏。

二十一日　裁并绿营练勇，改练西法洋操。

二十二日　令地方兴办中学小学，保护教堂，不准再有教案。

二十三日　举办经济特科。

二十八日　水陆各军，裁空粮，节饷需。

六月初一日　制定科举章程。

初八日　上海《时务报》改为官报。

十一日　各省学堂特派绅士督办。删改衙门则例。

二十三日　上谕褒奖湖南巡抚陈宝箴讲

求新政，锐意整顿。筹办水师铁路矿务等专门学堂。

二十九日　于京师设立农工商总局，各省府州县，皆立农务学堂，开农会，刊农报，讲农器。各省设农工商分局。

七月初十日　上海设立编译学堂，书籍报纸，一律免税。

十三日　各省设立商会，上海设总商会。

十四日　裁撤冗官，詹事府、通政司、光禄寺、鸿胪寺、太常寺、太仆寺、大理寺归并内阁及礼、兵等部，裁湖北、广东、云南三省巡抚，裁东河总督及粮道、盐道。

二十日　杨锐、刘光第、林旭、谭嗣同赏加四品卿衔，在军机大臣章京上行走，参与新政事宜。

二十三日　设立医学堂。

二十六日　设立茶务学堂及蚕桑公院。

二十七日　筹办速成学堂。劝谕绅民创设报馆。

八月一日　户部编岁出岁入表颁行天下。袁世凯以侍郎候补，责成专办练兵事务。

很明白，变的是形式，把书院改学堂，没有提及经费设备师资图书仪器。废了八股文，改为新式时务八股。练新军以用西法操练为要着。振兴实业，多添了若干新式衙门。兴办农务，创办学堂，建立工厂，都用一纸谕旨交绅士去做。果然，如康有为所建请的"诏令日下"，可是"百举"并不维新。

改革不但限于形式，而且只是文字上的。五月二十八日谕旨："当兹时事多艰，朕宵旰焦劳，力图振作，每待臣下以诚，而竟不以诚相应。各该疆臣身膺重寄，具有天良，何至诰诫谆谆，仍复掩饰支吾，苟且塞责耶！"七月初十日上谕："近来朝廷整顿庶务，如学堂、商务、铁路、矿政，一切新政，迭经谕令各将军督抚切实筹办，乃各省积习相沿，因循玩懈，虽经严旨敦迫，犹复意存观望。"说明新政的推行，只限于文字，没有丝毫现实的意义和作用。

新政一方面只是形式上、文字上

的蓝图。另一方面当时最重要的问题，人民的痛苦，没有一字提到，人民的要求，没有一句话说到。谈改革而不顾到人民，设新政而不为人民生活福利着想，即使退一步说，没有政变，这一连串的所谓新政，果真着着推行，也无救乎清皇朝的覆灭，也无法抵抗外来的侵略，这批士大夫还是不免"求为长安布衣而不可得"，只好到海外去保皇！

三、摇身一变

五十年前的士大夫，今天叫作知识分子，摇身一变，人名变了，本质没变。他们仍然主张变，主张变而不乱，主张"不责在上而责我辈士大夫"。

五十年的时间不算长,戊戌这一段史实,在今天看起来,还是新鲜的、现实的、具有教育意义的。

(署名刘勉,原载《中建》半月刊3卷6期,1948年8月10日)

目　　录

上　戊戌变法

戊戌变法的背景……………… 003

维新派的产生和变法运动的高涨… 016

戊戌变法的经过……………… 032

政变发生和改良主义运动的失败… 039

戊戌变法的意义和教训………… 042

下　戊戌维新运动的积极意义

戊戌维新运动的性质和意义……… 047

作为一个救亡运动的维新运动…… 051

维新运动作为一个文化思想上的

　　革新运动…………………… 061

维新运动作为一场阶级斗争……… 068

上 戊戌变法

戊戌变法的背景

一、中日战争后中国民族危机的加深和革命形势的高涨

中日战争后,《马关条约》订立,这标志着列强对中国的侵略进入了帝国主义的阶段。《马关条约》规定日本在中国有经营工厂的权利。当时日本资本主义还没有发展到帝国主义阶段,还没有大量的剩余资本可以输出。但西方帝国主义各国却利用中日战争的

结果在中国进行分裂和掠夺。他们一面进行经济侵略——争夺铁路的修筑权和矿山开采权,建立工厂,大量设立银行来控制中国的金融,对清政府大批贷款,以进行政治投资。从一八九四年到一八九八年,英、德、俄、法四国借给清政府的外债达三亿七千万两。同时它们公然在中国划分"势力范围",强占所谓"租借地",作为侵略的基地。这样帝国主义逐渐控制中国的命脉,进一步支配中国的封建政权,同时也使帝国主义与中国人民之间的矛盾日益尖锐起来。

当时,德国侵略势力控制了山东省,沙皇俄国的势力囊括了东北,英国侵略势力最大,不但控制了华南和长江流域，甚至于进入西藏，法国的势力则在云南和两广。

当时，英国在中国控制的地区最广，政治影响最大，并且掌握着中国海关的行政权。

日本已经侵占了中国领土台湾，并且把福建划为它的势力范围。日本与俄、法、德之间，从三国干涉还辽起有着显著的矛盾，主要的还是英、俄之间的矛盾。因此形势逐渐发展为英、美、日联合对抗沙皇俄国。

甲午战争，美国资本家已经组织了合兴公司，进行中国铁路的争夺。在美、西战争前，各帝国主义在中国刚要划分势力范围的时候，美国正忙于和西班牙争夺西印度群岛和菲律宾群岛的殖民地，不能多分力量来侵略中国，因此它在中国没有抢到固定地区。但铁路干线的争夺主要意义不但在于消极地抵制别个帝国主义的势力范围，而且在于积极地使别人的势力范围替它服务。合兴公司在争夺芦汉路（京汉路）权失败之后，在一八九八年夺取了粤汉路权。美帝国主义虽然没有得到一个势力范围，但它贯串中国心脏的侵略计划是极其恶毒的。

从以上所说的情况来看，帝国主义各国之间有矛盾，但是为了共同侵略中国，保证利润，避免竞争，国际金融资本又都是合作的。像美国的合兴公司与英国的中英公司的合作，就说明帝国主义在加强对中国的侵略之下，尽量求得相互间可能的协调。从德帝国主义侵入山东半岛起到一八九八年,是帝国主义列强瓜分中国的形势逐渐形成的过程。当时英国的外相沙里士倍就曾经公开宣称:"世界上有两种民族,一种是活的民族,另一种是快要死亡的民族。像土耳其和中国,人人都有瓜分他们的权利。"帝国主义是如此地没有忌惮的。

在帝国主义进一步加紧侵略中国划分势力范围的时候,也就是清政府进一步投靠帝国主义维持他自己的统治的时候。清朝统治集团中的李鸿章和慈禧太后是沙俄的工具。在北方,沙俄势力高涨,并且取得替清政府训练华北军队的权利。但在总理衙门中,英国的影响依然占着重要的地位。南方的刘坤一、张之洞等人在中日战败后，一度主张联俄、法以对付日本。但后来经过日本"同文、同种"的宣传后，却又改为显著地亲日，实际上就是亲英。此外，张之洞也受德帝国主义的影响。所以在戊戌变法以前，总的形势是：帝国主义对中国的进攻非常激烈，侵略的方法是划分势力范围和在中国寻找官僚、军阀作为自己的代理人。而中国人民的反侵略、反封建的革命形势则在高涨之中。湖北、四川、广西、浙江等地都连续发生农民暴动。会党的活动也极普遍，在北方有白莲教旧系统的各派，在长江流域有哥老会，在广东有三合会。这些会党的活动，表现了中国人民反帝、反封建斗争的进一步的结合。因为中日战争以后，清政府的兵力更行腐化，所以当时已无法镇压人民的起义。张之洞请日本人练兵，就是因为长江会党的活跃。像四川大足县余蛮子所率领的农民起义，就声势极为浩大。他们在反教会的名义下，进行反封建的斗争。余蛮子的旗帜一出，群众同声响应。真是所谓："飘布所到之处，人民起而随之。"在义和团运动前，长江会党已利用"扶清灭洋"的旗号进行农民起义。在帝国主义加紧侵略中国的同时，中国国内的政治生活起了很大的变化，一方面在中日战争前已经产生的上层士大夫的改良主义的政治思想有了进一步的发展，表现在康有为领导下的变法维新运动。另一方面就是前面说到的人民群众自发的反帝反封建相结合的斗争。当然，凡是改良主义，必然带有抵制革命的性质。当国内革命形势高涨时，地主阶级中资产阶级化的改良主义者知识分子，会感到他们将与皇帝一起灭亡的命运。但是，在当时的具体条件下，变法维新运动的主要意义在于要求中国能够独立，能够继续生存下去。在这个意义上说，这个运动是当时资产阶级化知识分子的"救亡运动"，也是符合于当时广大群众的要求的。

二、中国资本主义的初步发展和新兴资产阶级的要求

中日战争使所有"洋务运动"在

人民面前破产，洋务派办工业失败，于是使萌芽状态中的资本主义有机会反对官办和"官督商办"，要求自己的发展。清封建政府不得不给民间资本让出一条路，但仍没有放弃对资本主义发展的阻挠。当时盛宣怀写信给李鸿章说：广泛给民办工厂开路不行，如果布都由机器制造，那就要出乱子，卖给外国人的土货和布可以用机器制造，但却不能全部使用机器。

一八九七年以后，民族资产阶级投资设厂的数目增加了，前后在上海设立了好几家商办的纱厂。一八九八年，张謇又在南通设立了有名的大生纱厂。但是，与此同时，英、美、德、日等帝国主义也在中国设立各种工厂，像怡和、老公茂等纱厂，向华商的工厂进行挤轧。在不平等条约的掩护下，帝国主义进行商品倾销。新兴资产阶级的经济力量是极其软弱的，在政治上也没有势力，他们兼受封建势力和帝国主义的压迫，而帝国主义的压迫尤为显著。从八十年代起，中国的改良主义者，如马建忠、陈炽、郑观应、何启等人的著作已经提出发展民族工商业，反对不平等条约的一些部分（如协定关税）和设立议会。这些代表了初期微弱的资产阶级的要求，但没有成为一种政治运动。而康有为等所领导的"戊戌变法"，不但在思想上有了新的发展，而且一度成为轰轰烈烈的行动上的表现。

三、阶级关系的变化，统治阶级内部矛盾的尖锐

资产阶级学者把戊戌变法看作是清皇朝的帝后之争，或是新旧派之争以至英、俄之争（认为维新派代表英、日的利益，顽固派、洋务派代表沙俄的利益），都没有从本质上看问题，因而解释都是皮毛的、不全面的、错误的。实际上，帝后之争，只是当时各种矛盾的一个比较集中的反映。

中日战争以后，中国社会的阶级矛盾在急剧发展。当然，主要的阶级矛盾仍然是地主阶级与农民的矛盾。因为中日战争的赔款，清政府外债的增加，统治者更加强了对人民的榨取和掠夺，

农民的苦痛日益深重。地主阶级和农民之间矛盾的加深，表现在当时许多地区农民的自发斗争上，尤其集中表现在后来的义和团运动上。

在这一期间，新兴的由地主阶级转化而成的民族资产阶级，在数量上有新的增加，他们要求在基本上不改变封建统治的情况下取得发展新工商业的保障。他们的力量仍是微弱的，在政治上也不可能提出革命的主张。

另一部分从地主阶级分化出来的官僚买办阶级的力量也因为帝国主义侵入后更深地培植而增强了，帝国主义的走狗在国内更增多起来。

小资产阶级一般不满意地主阶级的封建统治，但当时还没有资产阶级的革命团体和革命纲领。因此改良主义维新运动的纲领，能够得到小资产阶级广泛的响应和支持。

社会阶级关系的变化，影响到清朝统治内部的变化，代表最顽固最落后势力的慈禧太后，虽然仍然抗拒任何的改变，但翁同龢、张之洞却想要改变一下来维持、巩固清朝的统治。但张之洞又与慈禧太后的关系密切，当他发现慈禧太后决心维持旧制，反对维新时，他马上借口不同意"孔子改制"学说而脱离与维新派的关系。维新派与洋务派进一步分裂，维新派与顽固派的斗争进一步明显。而这一切矛盾就集中表现在帝党、后党之争上。

维新派的产生和变法运动的高涨

一、维新派的主要人物（康有为、梁启超、谭嗣同和严复）及其主张。强学会（北京）活动的失败和时务报（上海）的发行

维新派的主要人物在行动上起重要作用的是康有为、梁启超和谭嗣同三人。严复则系在翻译西洋学说方面有很大的成绩。像赫胥黎的《天演论》，资产阶级的经济学家亚当·斯密的《原

富》等，都由他译成中文介绍到中国来。

康有为，广东南海县人，生于一八五八年，戊戌变法时已经四十岁。出身于官僚地主家庭，中过举人，在中日战争后中进士。他受的是封建传统的教育，但接受的是封建哲学中反对程、朱的陆、王学说，沿袭龚自珍、魏源等今文经学派而下，借《公羊传》所谓"微言大义"，批评时政，表示自己对当时政治的不满。在中日战争以前，他即已接触西洋的学说。中年来北京应试，在来京途中经香港、上海，看到帝国主义国家资产阶级那一套东西，也看到洋务派和广学会翻译的书籍，这些知识与他的公羊学说结合起来。当九十年代初,他从北京回到广东,在广州万木草堂讲学时,就写了一本《新学伪经考》。当时的官吏如孙家鼐、陈宝箴都奏请毁版。一八九四年,清统治者终于查禁此书。

中日战争后,他又以举人身份来京应考进士,当时恰好清政府与日本议定《马关条约》。于是他联合在京应试的举人一千多人,上书皇帝(就是"公车上书"),反对和约。但这次的上书,却被拒绝呈递。他中进士以后,又上书主张变法。光绪皇帝看了以后,极为嘉许。接着又有《上皇帝万言书》,被顽固派所阻。同年七月,帝党文廷式出而组织强学会,康有为及其弟子梁启超,均成为强学会中的主要分子。当时参加强学会的人很多,大都为清政府中资格较浅的官吏,袁世凯、黄遵宪也是会员,袁呼康为"大哥"。强学会每十日集会一次,每次有人演说,又创刊《中外纪闻》的报纸,宣传维新主张,但因为参加的分子极复杂,所以不能成为政治活动的强大组织。李鸿章的亲家杨崇伊参加强学会后,即告密说强学会是"私立会党",于是慈禧太后强迫光绪封闭强学会。

强学会被禁后,康有为乃又回广州,发表他的《孔子改制考》,用他自己对于儒家学说的新解释,提出变法维新的主张,说孔子本人就进行过"改制"。《孔子改制考》一书,大大震动了顽固派,于是张之洞著《劝学篇》,

以"中学为体，西学为用"的主张来反对《孔子改制考》中所提出的变法主张。一八九七年冬，德帝国主义占领胶东，中国被瓜分的危机益形深重，康复来北京第五次上书光绪，并组织保国会。这次的上书，博得了光绪皇帝的信任。次年他和维新派进入政府，从六月到九月，通过皇帝的谕旨进行政治上的变法维新。

康有为的主张，总的说来就是：（一）在经济上要求发展资本主义，他们要求开放民族资本的道路，广泛采用机器制造。改良主义的维新运动当然不可能解决农民的要求，但是也强调农业应该资本主义化。（二）在政治上要求君主立宪制，开放政权，求选人才，参加政府，实质上就是要求让新兴的资产阶级分子参加政权。（三）提出救亡的主张，保障民族的独立、生存。他在保国会的演说中曾说："如果不振作，吾四万万之人，吾万千之士大夫将何依何归，何去何从乎？故今日当如大败之余，人自为战。救亡之法无他，只有发愤而已。"

梁启超，生于一八七三年，戊戌变法时才二十五岁。他是康有为的学生，康有为在政治上的主张也就是梁的主张。梁极会写文章，他发挥康有为的理论，提出"以群为体，以变为用"的主张。他之所谓群，就是士大夫阶级。而群的目的就是保国保种，提倡联合黄种，君民同治，以孔教为国教，反对专制独裁、外国侵略者及买办洋务派。变的目的在变政体，方法是废科举、开学校、改官制、地方自治，反对变枝节。一八九七年，他去湖南讲学，宣传变法的理论和政纲，对维新运动的推进，起了重大的作用。

谭嗣同是维新派中最激进的分子。他出身于官僚家庭，父亲谭继洵是湖北巡抚。他自幼读王夫之的《船山遗书》，早年就有强烈的民族意识，中日战争更刺激他发愤研究并提倡新学。一八九六年，他在南京著《仁学》，每成一篇，必与梁启超相商。康、梁的思想当然对他有影响，但他却有他自己独特的见解。在君民关系上，康、梁主张君民同治，而谭嗣同却主张民治，反对君权，反对君臣之论。他说："君也者，为民办事者也，赋税之取于民，所以为办事之资也。"在对顽固派、洋务派的态度上，康、梁主张妥协调和，谭嗣同却主张斗争。他说："今日中国能斗到新旧两党流血满地，方有复兴之望。今日但观谁勇猛耳。"他的思想已冲破封建思想的罗网，接近于革命的主张。

严复，福建人，变法时已四十五岁。一八七六年，曾游学英国海军大学。一八九八年，在天津出版《国闻报》，译载外国重要政事及名著。所译赫胥黎之《天演论》，就在报上按期发表。《天演论》中"物竞天择，弱肉强食"的论点，在当时全部中国被帝国主义鱼肉的局面下，起了促进民族意识觉醒的作用。严复与维新派有联系,在当时,上海《时务报》和天津《国闻报》分居南北舆论界的领导地位,因而严复的思想影响不下于梁启超。但他却是一个不甘心亡国而又缺乏勇气的知识分子。因为不愿亡国,主张"设议院于京师,而令天下郡县各举其守宰";因为缺乏勇气,他一面痛恨专制政治,一面又崇拜专制皇帝。在上皇帝万言书里,不敢提出民权,而只请"结百姓之心"。戊戌政变后,严复没有被顽固派追究,并不是偶然的。

一八九五年,北京的强学会设立后,张之洞见学会势盛,曾捐银五千两充会费。同年八九月间,康有为往南京,请张之洞成立上海强学会分会,担任分会的名誉会长。上海强学会分会成立一月余,会务发达,会员张謇、陈三立、岑春煊等多是维新派有名人士。强学会被查禁后,黄遵宪就在上海强学会分会基础上办报馆,出版旬刊《时务报》,由梁启超任主笔。《时务报》出世,"一时风靡海内,数月之间销行至万余份,为中国有报以来所未有"。一八九七年,梁启超到长沙,任湖南时务学堂总教习,《时务报》仍旧出版,而且一时上海及附近地区出版报章杂志不下三十种。维新派的影响不断扩大。

当时在中国的欧美资本家、商人和耶稣教教士,他们希望清政府的政治有某些所谓"近代化"的改革,以便于他们扩大商业,推广教务,使帝国主义更有力地控制中国。因此在上海、广州等通商口岸开设报馆,并且延请一些维新派名士为主笔。侵略者的用心是十分毒辣的,但这些报纸同时对当时变法的传播,有一定的影响。一八八七年,英国教士韦廉臣在上海成立广学会,会员美国人李佳白、林乐知,英国人李提摩太等,用中文著书,介绍西学。如李提摩太译著之《泰西新史揽要》《列国变通兴盛记》《七国新学备要》等书,给中国维新派议论变法以根据。一八八九年,广学会发行之《万国公报》多载时事及中外重大政治法令,供给维新派以变法运动的参考资料。同时这些外国野心家,也注意和维新派拉关系,梁启超任《时务报》主笔时,就曾兼任李提摩太的私人秘书。这也是维新派对帝国主义存在着幻想的一个原因。

二、各地变法运动的高涨。维新派和地方封建势力的激烈斗争（以湖南为代表）

强学会成立以后，各地成立的学会极多，但仍以北京为中心。据梁启超《戊戌政变记》一书记载，自一八九七年以来，三年中各地成立之学会共二十四处。这些学会的成立，其目的在于影响本地的知识分子，联系本地的开明士绅来推动变法运动。各地成立的学会，主要的以湖南的南学会为代表。因为湖南的封建顽固势力特别强大，以王先谦、叶德辉为代表。南学会会员谭嗣同、唐才常等与封建顽固势力的斗争非常激烈。

湖南巡抚陈宝箴父子、按察使黄遵宪、督学江标都是维新派。他们与谭、唐等合作，组织南学会，创办时务学堂，聘梁启超为总教习，唐才常为分教习，出版《湘学新报》及《湘报》，筹办新式水陆交通，开矿，设武备学堂，练民团。南学会会员共有千数百人，省城设总会，各县设分会。当时正是瓜分危机加深、人心恐慌的时候，南学会认为万一中国瓦解，则湖南必须保存，以为将来复国的根据地。他们准备组织起来，进行地方自治。湖南大地主顽固派王先谦、叶德辉等人，用各种卑污手段，大举向维新派进攻，将邵阳南学会的首领樊锐、皮锡瑞父子驱逐出境。

各地变法运动的高涨，是戊戌变法的重要基础。

三、一八九八年初，康有为提出变法纲领《统筹全局疏》，并成立保国会号召救亡

一八九八年德国强占胶州湾以后，全国陷于被瓜分的形势中。十一日，康有为来北京上书光绪，请"及时发愤，革旧图新，以少存国祚"。经顽固派多方阻挠，直到次年，光绪才看到他的上书，大受感动，翁同龢也不得

不"密荐康有为之才"。于是康有为奉旨专折统筹全局,提出维新派的变法纲领。他的《统筹全局疏》中开始说道:"能变则存,不变则亡;全变则存,小变仍亡。"而变法的纲领大旨则为:(一)大誓群臣以定国是;(二)设"上书所"以广言路;(三)开"制度局"以定新制;(四)各道设"民政局"以举行地方自治。

同年四月,康有为等组织保国会,意在团结一切力量,以"救亡图存,保国保种"。北京、上海设两总会,各省府县设分会,略具政党规模。康有为在成立大会上讲演,大意谓:"二月来,我国失地二十余处,如再不改变,则将沦为今日缅甸、越南、印度。"此时清朝廷帝党、后党的分裂因恭亲王之死而更明显;而以胶州湾事变始,外患危急,亡国之祸迫在目前,因此维新派乃与帝党结合。至同年六月,光绪帝乃颁布《明定国是上谕》,宣告变法。

戊戌变法的经过

一、维新派的系别和力量——以康、梁为主干，主张自上而下的变法，企图用和平方法在政治上争得有限的权利以保障资本主义的发展。谭嗣同代表激进派

一八九八年六月，光绪决定变法。封建官僚的翁同龢、张之洞、孙家鼐等，均与维新派有一定关系，但他们仅愿意采取挽救封建统治崩毁的一些极有限度的改革。他们都是封建主义的代

表。张之洞和后党关系密切，对康有为在《孔子改制考》中所提出的主张是痛恨的。在一时期内他想利用维新派来推动一些有利于自己的改变，但是后来发现变法运动超过了他所规定的限度，而且能够巩固他的统治地位的不是西学，而是他所取得的帝国主义的支持时，他就决然摈弃了维新派。

翁同龢是帝党的主要人物，但他不敢公然反对慈禧太后。他和维新派是阳合阴违。他日记中始终骂着康、梁的记载，是可信的，因为他是饱经世故的狡猾官僚。他的"变法"主张只是在皇帝"独断"下，改革某些封建弊政。对维新派他仅是企图加以操纵利用，而不希望他们掌握政权。因此他对以强学会来巩固和伸张光绪的势力是同意的，但对光绪重用康、梁等是反对的。但翁同龢和光绪的关系很深，他在政府中的影响是很大的，所以在后、帝矛盾发展到尖锐的时候，慈禧太后就不问他对康、梁等人态度究竟如何，而必须先迫令光绪革他的职，并即日驱逐回籍，以便于布置发动政变。

张荫桓是个买办性极重的官僚。他与康同乡，以搞洋务出名，故正途出身的官吏都看不起他，喊他为"洋厮"。他跟光绪很接近。他与英、美的关系甚深，在总理衙门中势力很大，因此他主要代表英国势力来参与变法运动。在百日维新运动中，总理衙门向英国出卖了很多利益。张荫桓本人也不能说是维新派。

二、"百日维新"的进行和顽固派势力（以后党为代表）的剧烈反抗

当光绪决定变法，召见康有为详谈变法步骤，维新派开始参与政权时，后党顽固派也开始筹备政变，反对变法。

变法从六月十一日到九月二十一日，共一百零三天，所以称之为"百日维新"。维新派的杨锐、谭嗣同、刘光第、林旭等四人进入军机处，皇帝上谕的起草及对奏章的批示均由他们四人经管。康有为任光绪的顾问，梁启超则主译书局。所以在变法运动中，维新派所

取得的仅为皇帝的顾问及起草上谕的权,而慈禧太后在通令光绪驱逐翁同龢出京之后,立即任命荣禄为直隶总督,统率董福祥、聂士成、袁世凯三部分军队,军政实权仍掌握在后党顽固派之手。所以百日维新中一道道改革诏书下来,企图除旧布新,但却因缺少推行上谕的实际力量,在顽固派的反抗下,下面仍阳奉阴违,这些改革并未能切实贯彻。

关于除旧的上谕,主要有这样一些内容:(一)废八股,改试策论。(二)各省书院祠庙改设学堂。(三)裁减绿营。(四)裁撤京内外大批衙门、官员。(五)准满人自谋生计。这些改革势将夺去近百万人的饭碗,而二百五十年来久惯寄生生活的满人，在这样的改革下，突然失去特权，陷入死亡的危境，因此引起各种反动势力的强烈反抗。布新方面主要的内容是：（一）办学堂，首先筹备京师大学堂。（二）设中国银行、矿务铁路总局、农工商总局，提倡各种实业，直到允许私人办兵工厂。（三）奖励新著作、新发明。（四）设立译书局，编译书籍，报纸一律免税。（五）准许自由开设报馆、学会。（六）编国家预算，公布岁出岁入，按月发表。（七）广开言路，不论官民一律得上书言事，严禁官吏抑阻。（八）办农会、商会。

六月间开始变法以来，慈禧太后即同时开始在京津间布置董福祥、聂士成和袁世凯的军队。而在湖南，同时发生顽固派聚众哄散南学会，殴打《湘报》主笔，谋毁时务学堂的事件，维新派也知道情势越来越严重，所以主张速变。而顽固派的反对也越来越激烈，在九月政变以前，顽固派已在准备下手。

政变发生和改良主义运动的失败

光绪在百日维新末期,已感到自己很危险。九月初,慈禧太后的亲信怀塔布和李鸿章的亲戚杨崇伊等往天津与荣禄密谋,预定十月底,帝、后同到天津阅兵,举行政变,形势非常危急。康有为乃派自己的亲信徐仁录去天津见袁世凯,请其保护光绪,袁也表示同意。日本伊藤博文来北京见光绪后,情势更紧。光绪密谕康有为等说:"朕位且不保,尔等可有何良策,妥速筹商。"

康、谭等商定召袁世凯入京。九月十六日，光绪召见袁世凯，擢升侍郎，令专办练兵事宜。十八日，谭嗣同深夜密访袁世凯，请他保护光绪皇帝。袁世凯佯为许诺，并说"诛荣禄如杀一狗耳"。二十日，袁世凯请训回天津，向荣禄告密。当夜慈禧太后发动政变，囚禁光绪，二十一日起，即坐殿办事，百日维新乃宣告结束。

光绪皇帝在百日维新中的作用不应该估计过高，但是也不能完全加以抹杀。他是清朝后叶比较有为的皇帝，他的失败也就是依靠皇权的改良主义运动在当时所铸成的失败。

光绪被囚，康、梁逃走，军机四卿及杨深秀、康有溥等六君子被杀。顽固派在一个月内取消全部新政，恢复旧制。但六君子的血并没有白流，变法维新运动的失败，和以后唐才常自立军失败后两湖维新人士二百余人的牺牲，对以后革命形势的发展起了很大的刺激作用。它也证明了自上而下的改良主义是走不通的一条路，使知识分子从资产阶级的改良主义向前跨进一步，走向了比较明确的资产阶级民主革命的道路。

戊戌变法失败后，光绪被囚禁在南海瀛台

戊戌变法的意义和教训

　　戊戌变法在一定条件下反映了社会发展到一定情况下的要求——要求资产阶级的民主权利。洋务派的官督商办成为阻止民间资本自由发展的镣铐，近代工业无法得到发展，洋务派新建立的新式海陆军，则在中日战争中全部崩溃。洋务运动至此乃完全失去人心。洋务派兴办的工业的失败，使已形成中的资产阶级有机会反对官办和官督商办，要求自己的发展，在政治上产生改良主义的民权运动。洋务派新建设的新式海陆军在中日战争中遭受彻底的惨败,帝国主义瓜分中国的危机日益严重的情况,刺激了一部分的统治阶级及染有资本主义思想的知识分子,要求联合一切力量,来救亡图存,在政治上产生了当时的保国保种运动。

戊戌变法的终于失败,证明了改良主义是没有办法实现自己的理想的。因为帝国主义决不希望中国真正富强,决不希望中国的民族工业得到发展,而中国封建顽固势力又极其强大。帝国主义和封建势力密切结合,阻止中国一切可能的进步。因此企图和封建势力妥协并幻想得到帝国主义支持的戊戌变法是不可能取得胜利的。戊戌变法的失败给予人民以深刻的教育，使中国人民懂得了与帝国主义、封建势力相妥协的改良主义的道路是永远走不通的。

戊戌变法失败后一年多就发生了义和团运动。人民的力量阻止了帝国主义瓜分中国，完成了改良主义者所不能完成的历史任务。

（一九五四年六月在中国文联举办的中国近代史讲座的讲稿）

下 戊戌维新运动的积极意义

戊戌维新运动的性质和意义

戊戌维新运动是近代中国历史上一次有重大意义的政治斗争。从基本上说来，它是基础于地主阶级中有一部分人企图使自己转化为资产阶级这一事实而发生的政治运动。他们企图在封建主义的基础上，利用原有的政权力量来发展资本主义。因此，就其本质上看，它只能是一种资产阶级改良主义运动。但是由于当时具体的历史条件的决定，也由于维新派以救亡图存为进行社会改革的前提，这个运动在一个时期内就形成为一个波澜壮阔的爱国运动，和广大人民的反抗斗争声气相通。这样就使得这个运动具有一定的反帝国主义性质，而成为中国人民反侵略斗争的一个里程碑。同时，这个改良主义运动虽然并不要触犯封建主义的根基，而且还要借筹代筹抵制人民革命，但是在政治上它要求限制皇权而给予士绅们以参与政治的权利，使幼弱的资产阶级得到政治上的保障并有自己在政治上的代言人，在经济上它要求发展资本主义，在思想上它要求以西方资产阶级的"新学"来代替封建文化里面最落后的一些东西。这些主张，在还没有独立的资产阶级与无产阶级的历史条件下，它软弱地提出了符合社会历史发展进程的要求。因之不可避免地与当时真正掌握政权的，旧的生产关系的最落后最反动的代表者顽固派，发生生死之间的搏斗。顽固派和维新派的冲突显示着阶级利益和阶级倾向的尖锐矛盾，因而他们之间的斗争就带有阶级斗争的性质。维新派在这场斗争中起了一定程度的反封建作用。这个改良主义运动以自身的失败教育了群众，促进了资产阶级革命派，因而推动了资产阶级革命的进展，这个作用也是应该估计在内的。

所以，就当时的历史条件看，戊戌维新运动的意义应该说是巨大的。固然，资产阶级改良主义的根本性质决定了维新派对帝国主义又反对又存着幻想,对封建主义又要斗争又要依附这种冲突矛盾的情况,也就决定了他们必然失败以及和人民事业相去日远的道路。但在当时,这个运动究竟曾经对这两个人民的祸害做了一番有声有色的斗争,不同于后来一般实际上站在反革命方面的资产阶级改良主义。维新运动是作为幼弱的资产阶级在政治舞台上的初次演奏,同时又是作为比较正规的资产阶级民主革命的序幕而出现的。因此它是中国资产阶级民主革命整个过程中一个必经的驿站,也是中国人民反抗斗争过程中的一个巨大事件。

作为一个救亡运动的维新运动

毛主席告诉我们："灾难深重的中华民族，一百年来，其优秀人物，奋斗牺牲，摸索救国救民的真理，是可歌可泣的。"维新运动就是这样一个可歌可泣的运动。

针对着十九世纪末叶严重的民族危机，维新运动是首先作为一个爱国运动而提出的。从七八十年代开始，中国就四面受敌，特别从一八八五年我们邻邦越南沦为帝国主义的殖民地之后，许多人都感到中国如不急速改变,就要有亡国的危险。孙中山在当时已经认为清朝不可救药而抱着推翻它的统治的见解。差不多同时,康有为在一八八八年第一次上书就大呼"国势危蹙,祖陵奇变,请下诏罪己,及时图治",已经是主张变法救亡了。当然康有为所谓"救亡",实际上混淆了两种意义,一个意义是救中国之亡,另一意义是救封建统治之亡。从后一个意义说,他每次上书都强调指出当时人民革命形势的可怕,而主张用改良主义的方法,加以抵制,这显然是反动的。但他的变法主张,主要的还是为了救中国之亡。为了说明这个问题,这里应该讨论一下这一时期民族矛盾和阶级矛盾的升降情况及其相互关系。中法战争后,阶级矛盾确实是在逐渐上升,从九十年代开始,会党活动频繁,革命形势逐渐发展。经过中日战争,直到义和团运动爆发,阶级矛盾才算达到了高峰。但与此同时,中法战争后,列强环伺中国,英国侵略西藏,葡萄牙进一步侵占澳门等等,严重的民族危机正在发展。总的看来,应该说在这时期民族矛盾比阶级矛盾是更重要的。特别是把我们国内社会经济加速半殖民地化和我们邻邦朝鲜所遭受的严重威胁联系起来看,就会更清楚些。在这时期民族危机也影响着革命形势,国内阶级斗争已经开始以反侵略的口号进行。一八九一年震惊资本主义侵略者的长江一带反教会的斗争,实际上也就是会党领导的群众反对封建统治的斗争。此外，从世界大局看来，一八八四年到一九〇〇年，是资本主义、帝国主义猖狂地重新分割全世界的时期。因此在阶级斗争和民族矛盾的相互关系上，民族矛盾占着首先重要的地位。这样看来，康有为在一八八八年对于形势的估计，不是过虑，因而在当时他已经以救亡为目的提出变法的要求也是很自然的。

救亡是变法的直接目的，维新是救亡主张的内容，这在甲午战争后，就更加明确了。甲午战争失败，洋务派割地求和，允许外人设厂，开放内地大城市，侵略势力进入堂奥，空前的民族危机发生了。投降派的擅割台湾，引起举国人民的愤怒。在全国要求继续反抗，台湾人民进行壮烈武装斗争的同时，维新派以一千几百名举人署名的"公车上书"开始了一个救亡运动。康有为有力地警告说："弃台民即散天下。"他要求黜退主和辱国擅许割地的洋务派"大奸"们，并把他们明正典刑。"公车上书"的目的，在于提出一个救亡的方案，他说："方今当数十国之觊觎，值四千年之变局，盛暑已至而不释重裘，病症已变而犹用旧方，未有不喝死而重危者也。"这样，一个资本主义性质的纲领就随着救亡的旗帜而被提出来了。这个纲领在"富国、养民、教士、练兵"等陈旧的名词下提出了崭新的内容，在当时是有进步作用的。"富国"的资本主义内容在于取消各省的厉禁，允许人民办工厂，制造机器，发展铁路轮船等事业，"一付于民"，"纵民为之，由官保护"。"养民"的资本主义内容在于发展工农商业，利用新的科学知识和技术，提高农业生产，讲求制造技术上的改良和发明，给予专利，允许民间工厂制造枪炮，并由国家（政府）协助商会和大公司的组织和商业的发展。"教士"的资本主义内容不在对于科举的形式上的改革，而在于提倡资产阶级专门学问，包括自然科学和社会科学的内容上的改变。"练兵"的目的，和洋务派不同，是为保卫国土，和救亡有关，虽然维新派没有看到军队和政权的关系。当然，不能没有和这些改变相适应的政治制度的改变，于是，在"求人才"的名义下，提出一种初步的代议制度，就是说这些"人才"不是用老办法去访求挑选，而是由每十万户推举一个，作为议郎，他当然不是汉代的议郎而是一种新式的议员了。

这样的资本主义纲领的主观目的是为救亡，但它不可能是一个真能奏效的药方。这个纲领获得广泛的传播，却正因为它是在救亡的名义下提出的。来自天南地北的一千多名举人们能够不假思索地署名在这样惊人的纲领上，就是为这个缘故。这个文件被缮刻印发，不胫而走，这样，康有为的政治主张，要救亡必须维新，就发生了巨大的影响。

强学会也就是在救亡的口号下组织起来的。顾名思义，强学会是为了图强，但不是洋务派只想添置一些西洋船炮的所谓"自强"，而是联合一部分士绅讲习资本主义的政治、经济以及其他所谓"专门学问"，借此在政治上造成一种声势来推动变法。对于当时各学会的性质，康有为在有关文章中都强调造就"人才"的一面。如他代张之洞作的《上海强学会序》就说："天下之变岌岌哉！夫挽世变在人才，成人才在学术，讲学术在合群，累合什百之群，其成就尤速。"要靠资产阶级"学术"和"人才"，来挽救中国的想法，我们看来是早已破产了的一种幻想。但我们不能把康有为的主张和后来资产阶级"教育救国论"等同起来，因为"教育救国论"是不许青年参加革命活动的反动阴谋,而康有为当时正在寻找一批人向封建主义最顽固的堡垒冲击或是作冲击者的声援。因此,应该从当时的阶级力量来考虑他所谓"人才"问题。当时资产阶级还没有真正形成,维新派没有可靠的阶级基础,只好向封建士绅队伍里寻找一些有同样倾向的人们。因此所谓"造就人才"无非是要使这些人获得一些资本主义知识,成为推动维新的可靠力量。所以梁启超说强学会兼具学校和政党的性质,是比较确切的。保国会是在紧急的瓜分形势下成立的救亡组织,也就是发动变法的基本士绅队伍,它的政党性质是更加显著的。

　　湖南的南学会和时务学堂也都是救亡运动的产物。由于湖南有了群众运动的基础，又有杰出的维新志士谭嗣同、唐才常等的提倡，开明官吏陈宝箴等的支持，湖南一时成为维新运动的中心。南学会在省城设总会，各州县设分会，定期讨论政务，俨然具有议会的性质。一八九七年底，在胶州被占声中成立的以梁启超为总教习的时务学堂，特别着重民权思想的传播，甚至有人秘密印发《明夷待访录》《扬州十日记》等书。梁启超还劝陈宝箴做自立自保的准备，要"使六十余州县之风气同时并开"。因此维新运动在湖南的蓬勃发展，虽然带有地方的性质，但和全国反抗瓜分救亡图存的运动是分不开的，而其所起作用也是全国性的。

维新运动作为一个文化思想上的革新运动

维新运动在当时是一个巨大的思想解放运动。这是当时社会生产力要求打破旧的生产关系束缚的鲜明反映，也是民族矛盾和阶级矛盾极端尖锐化的结果。毛主席说："当着政治文化等上层建筑阻碍着经济基础的发展的时候，对于政治上和文化上的革新就成为主要的决定的东西了。"（《矛盾论》）维新运动就是在社会经济发展严重地受着阻碍的情况下，要求政治文化进行一些革新的运动。出身于封建士大夫阶层的维新派当时还没有很多的资本主义知识，他们能够发动这样一个运动，正是由于他们在客观上代表迫切要求解放的社会生产力。民族矛盾和阶级矛盾的尖锐化也是当时推动这个运动的力量。

维新派在当时从事文化的某些革新是一件极不容易的事情。统治中国两千多年的封建文化，从来没有被触动过，而维新派虽然说是向西方学习，却是很有限的。从西方介绍来的东西，还很少，也不都是有用的。真正能够挽救我们国家和民族命运的无产阶级学说还没有被介绍到中国来的机会。但是维新派的一些人能够按照他们所看到的当时中国社会的某些要求,从其中吸收一些有益的营养。这种很有创造性的学习,应该以康有为、谭嗣同等人的著作为代表。康有为的《新学伪经考》在学术上推翻"述而不作"的崇古思想,在政治上打击"恪守祖训"的不变思想。他的《孔子改制考》以变革和发展的思想来作变法维新主张的根据。他的《大同书》(指最初的稿本)阐明他所理解的历史不断发展的思想,指出其最高的发展阶段是大同极乐世界。这些都是有积极意义的思想。尽管当时译书很少,康有为的西方知识多半只是得其近似,但他就能够提出一套崭新的、在当时有积极意义的学说,是不易的;但也是不足为怪的,因为这是当时社会条件所决定的。新的生产力和极其落后的生产关系的尖锐矛盾，帝国主义对中国的奴役，腐烂的封建机构对中国人民的统治，这些必须改变的不合理现象，促使一个肯正视当前问题的人去摸索中国社会发展的道路和方向。这样康有为就能够把陈旧的公羊学说和婆罗门教义化为一时进步的学说，并且以此武装自己同封建文化冲击。我不很同意一些同志着重考虑西洋某些学说（如《天演论》）介绍到中国的年代从而断定康有为的思想是如何发生和发展的。这种考虑方法我看是太机械了。康有为完全可以在看到《天演论》以前独立地达到他大同学说的基本见解。而且在严复翻译赫胥黎书之前，康有为也尽有机会听到《天演论》的一些内容。《大同书》出版年代很晚,和初稿也必然很少共同之处。但是康有为早有"太平大同之学",而这是他当时的基本思想,是无可疑的。梁启超最得力于他的,也就是这个学说。[①] 谭嗣同著《仁学》也有同样的情况,梁启超说他当时连"卢梭《民约论》之名并未梦见,而理想多与暗合,盖非思想解放之效不及此"。谭嗣同对西方资产阶级学说未必毫无接触,但梁启超指出思想解放是他写成《仁学》最主要的条件,这是精辟的见解。这些都证明客观存在决定人们意识的真理。康有为、谭嗣同自身思想得到"解放",也是当时形势逼出来的,不是抄袭西洋的结果。维新派当时能够在打破传统束缚这方面做出一些成绩,也就在于他们按照自己所能看到的社会需要的标准去吸取西方资产阶级民主的文化,作为实践的工具。当然广泛介绍的工作对新思想的启蒙,在当时也是重要的,例如严复的一些译著也起了很大作用,但他本人仍是一个"不愿亡国但是缺乏勇气的保守士人",对于维新运动的作用,和康、梁、谭等人就不能相提并论了。

注释:

①一八九七年梁启超给康有为信说他读内典后发现:"吾教太平大同之学皆婆罗门旧教所有,佛吐弃不屑道者,觉平生所学失所凭依奈何。"(见《翼教丛编》附录,卷四)我以为康所

秘不示人者是他那个所想象的乌托邦的内容,至于把历史看作是进步的、发展的这个基本思想,不但不必守秘,也不可能守秘。我国历史学者们说明《大同书》所起的作用,就在于此。

维新运动作为一场阶级斗争

维新运动作为一场阶级斗争来看也有它的深刻意义。

阶级斗争是推动历史的力量。戊戌维新运动是幼弱的资产阶级对封建主义的突出反动势力争取一部分政权的斗争，因而也就具有阶级斗争的性质。维新运动的阶级基础是十分薄弱的，它只能进行一番极其软弱无力的斗争，但是阶级斗争的性质仍然是维新运动能够起历史作用的主要原因。

首先强学会就是这种软弱的阶级斗争的表现：一八九五年四月的"公车上书"，是带有一定的群众性运动的开始。康有为紧接着提出"合群""开会""办报"的主张就是为了进一步纠集力量，准备向封建顽固派施行压力。他在《自编年谱》中说："思开风气，开知识，非合大群不可，且必合大群而后力厚也。合群非开会不可，在外省开会，则一地方官足以制之，非合士大夫开之于北京不可，既得登高呼远之势，可令四方响应，而举之于辇毂众著之地，尤可自白嫌疑。"

"合群""开会""登高一呼四方响应"，这几句话表现了维新派的何等气概。但在他们的想法中，已经清楚地看出它的软弱性,因为在北京开会是为了可以"自白嫌疑",而且康有为的自述又补充说:"变法本原,非自京师始,非自王公大臣始不可。"这种依靠一定的政治实力的想法,就是自上而下的改良主义路线必然的表现。维新派的理想是依靠皇权,但在还没有抓到皇权的时候,他们想先拉拢一些政治上的实力派。连当时思想最激进的谭嗣同的看法也是相同的。他得意地描写强学会说:"内有常熟,外有南皮,名士会者千计,款亦数万",把翁(同龢)、张(之洞)二人看作强学会的两块招牌或竟是两根支柱。康有为也十分重视封建官僚文廷式以至李鸿藻的一个无赖门生张孝谦。但是这些关系都挡不住封建势力的轻轻一击。杨崇伊一封弹劾的奏章就把强学会封禁查抄了,上海强学会的命运更清楚地说明自上而下改良主义的无用。以上海强学会自任的张之洞也就是它的断送者。两处强学会的同时但是"不谋而合"(蔡尔康语)地被取消,说明了连这样微弱的改良主义运动也是当时封建势力所不许可的。问题并不在于李鸿章或是张之洞个人一时的喜怒,他们的举动是封建统治利益所决定的。

从保国会到百日维新更是一场尖锐的阶级斗争。

德帝国主义的侵占胶州引起全国的震动,统治集团内部产生了分化,帝党、后党的矛盾加剧,当权的顽固派感到没有出路,暂时收敛一下凶恶的气焰。一些大臣们感到彷徨失措，也就愿意听听维新派的方案。这样维新派就有抓住了皇帝的机会而直接提出救亡变法的主张。维新派以三年前上谕中的几句话为根据来组织保国会。保国会提出"保国、保种、保教"的宗旨，进行全国性的（北京、上海两总会）和以省为单位的救亡组织，实际上也就是在广泛地组织资产阶级政党。"保国保种"就是保卫国家和民族的生存。"保教"（康有为所谓孔教）在落后的名词上反映着反对外国教会和奴化教育的积极意义。而且从康有为手拟的保国会章程中，可以看出所谓"保教"在组织会员上的"德业相劝，过失相规，患难相助"的合群作用。这样维新派内有皇帝外有所联系的各地士绅，变法运动就急转直下，百日维新开始了。

在保国会和百日维新时期，顽固派给予维新派一个寂寂无闻的错觉。其实他们不但在密切注意着事情的发展，而且在磨刀霍霍地等待着。维新派自身既无确可凭借的阶级力量，又脱离了广大的人民群众，处在极其孤立的地位，只是把有志无权的光绪皇帝当作一世之雄的彼得大帝而急急忙忙地发布了许许多多的改革命令。维新派自己也曾以"狂泉"的譬喻说明保国会的四面楚歌。梁启超也说京中数将及万的会试举人对于他请废八股而表示的"不共戴天之仇"。在这样恶劣的环境中，维新派无法改变它孤立的地位，以至于后来简直就是作为一个帝党而谋孤注一掷。而相反的，顽固派却是以逸待劳地等候着最后决定性的反击的时机。《定国是诏》下的第四天，帝党的重要人物翁同龢就被轻轻地开缺回籍了。当变法轰轰烈烈地进行的时候，顽固派已经完成远远合围的部署了。等到维新派发现他们已成为人家的俎上鱼肉时，他们就急着想去倚靠一个军事实力派。这件事实本身正是维新派自上而下的基本路线的必然结果，因而不能看作仅仅是一时失策或是所托非人。但是这样一来，他们不但授敌以柄，也充分暴露了自己的无能，顽固派的毒手就十分容易地把这一场阶级斗争结束了。

但是，尽管维新派在斗争中表现

得如此软弱,他们究竟是做了一番十分勇敢的斗争。这个斗争虽然不是对整个封建主义,却是对封建主义中最顽固、最凶恶、最落后势力的一场恶战。当时客观的历史发展促使生产力要求冲破旧的生产关系,但在半封建半殖民地的国度里,资产阶级主要是由封建官僚、豪绅、富商转化形成的,这个阶级的下层力量在这时期更是微不足道。因此,在当时,这个没有独立力量的资产阶级内就只能由一批有资本主义倾向的上层知识分子来代表,他们的改良主义路线是由他们本身,也是由当时整个资产阶级和封建主义的密切联系决定的。但是他们和封建主义突出的顽固势力是无法妥协的,因而一场恶战又是不可避免的。

维新运动是改良主义运动但又具有阶级斗争性质,一方面是客观形势决定的,一方面又是由于中国资产阶级本身"还有在一定时期中和一定程度上的革命性"(毛泽东《新民主主义论》)。维新运动之所以有巨大历史作用也正由于它具有这些阶级斗争的性质。谭嗣同等志士们以流血牺牲杀身成仁来结束这一场恶战,在中国人民反抗帝国主义及其走狗的历史过程中,写下极其动人的一页。

因此在今天我们纪念戊戌维新运动,是因为这个运动虽然是由有资产阶级倾向的封建士绅发动的,但它作为一个救亡运动是和广大人民通声气的。作为一个思想文化革新的运动,它有重要的启蒙作用；作为一场阶级斗争，它以自身的失败和流血揭露了腐朽透顶的封建统治的顽固和暴戾，并且宣告资产阶级改良主义的没有出路。维新派的一些志士在不同程度上表示了敢想敢做和不屈不挠的精神，这样替人们思想的进一步解放创造条件，同时也替旧民主主义革命铺平道路。这是十分可贵的。当然，在半殖民地半封建的中国，伟大而艰巨的历史任务只能由劳动人民来承担，资产阶级的努力和方案都是徒劳无功的。无论戊戌变法或是辛亥革命，都说明了资产阶级不可能是中国历史的真正推动力量，只有他们的行为在客观上符合于当时革命人民群众的要求时，他们才能在短暂的时期中起一定的作用。

脆弱而短寿的中国资产阶级，由于党执行正确的改造政策的结果，获得良好的归宿处所。它的历史作用现在已经盖棺论定了。历史证明：半殖民地半封建社会里的资产阶级只有坚决和革命工农群众站在一起才有出路，包括自己改造的前途。在没有或是离开工人阶级的领导时，资产阶级总是表现得害怕群众，敌视劳动人民。戊戌维新运动虽然有积极光辉的一面，却同时充分表现了这个弱点。依靠上层力量，对帝国主义存在幻想的改良主义道路决定了维新派的完全脱离群众及其迅速堕落的道路。在爱国救亡的呼声中，维新派得不到群众的援助，这个责任难道还不应该由自己来负吗？接踵而起的资产阶级革命派，又何尝真能接受维新派失败的教训？袁世凯的随意摆布他们，不是也正似一堆无根之木吗？今天在建设社会主义总路线照耀之下，资产阶级知识分子只有彻底改变自己的阶级立场，彻底批判资产阶级学术思想，才能做到真正合乎无产阶级利益的敢想敢说敢做，为社会主义、共产主义尽力。我们今天是在这种积极的意义上来纪念戊戌维新的志士们的。

（原载1958年9月29日《光明日报》）

出版说明

"新编历史小丛书"承自20世纪60年代吴晗策划的"中国历史小丛书",其中不少名家名作是已经垂之经典的作品,一些措辞亦有写作伊初的时代特征。为了保持其原有版本风貌,再版过程中不做现代汉语的规范化统一。读者阅读时亦可从中体会到语言变化的规律。

新编历史小丛书编委会

图书在版编目（CIP）数据

戊戌变法 / 邵循正著. — 北京：北京人民出版社，2020.10
（新编历史小丛书）
ISBN 978-7-5300-0496-8

Ⅰ.①戊… Ⅱ.①邵… Ⅲ.①戊戌变法—史料 Ⅳ.①K256.506

中国版本图书馆 CIP 数据核字（2020）第 071244 号

责任编辑　魏晋茹
责任印制　陈冬梅

新编历史小丛书

戊戌变法
WUXU BIANFA
邵循正　著

出　　版	北京出版集团
	北京人民出版社
地　　址	北京北三环中路6号
邮　　编	100120
网　　址	www.bph.com.cn
总 发 行	北京出版集团
印　　刷	北京汇瑞嘉合文化发展有限公司
经　　销	新华书店
开　　本	880 毫米 ×1230 毫米　1/32
印　　张	3.5
字　　数	29 千字
版　　次	2020 年 10 月第 1 版
印　　次	2020 年 10 月第 1 次印刷
书　　号	ISBN 978-7-5300-0496-8
定　　价	24.80 元

如有印装质量问题，由本社负责调换
质量监督电话　010-58572393